(RE)NACER

(RE)NACER

ENEIDA MARTÍN BORREGO

 Durii

Primera edición: Diciembre 2023

© 2023, Eneida Martín Borrego
© 2023, Durii Editorial

Printed in Spain - Impreso en España

Editor y diseñador:
Javier Martínez Alarma — @soyocellum
Corrección:
Equipo de Durii Editorial
Diseño de cubierta:
Equipo de Durii Editorial

ISBN: 978-84-10075-01-6
Depósito legal: M-34067-2023

durii.art

A mi hermano,
a Alejandro,
a mis padres.

Antes de empezar a leer, lector, hay una cosa que me gustaría decir: «*La violencia jamás es justificable*».

En la oscuridad se pueden encontrar pequeños rayos fugaces de luz que demuestran, una vez más, que del infierno se puede salir.

Se atraviesan las piedras ardiendo y se sale de ellas con magulladuras, moratones, clics cerebrales y, en ocasiones, una profunda depresión. Pero os aseguro que se sale.

Si no me hubiera grabado a fuego esas palabras, no estaría ahora mismo comenzando este libro.

Para vosotros, que fuisteis capaz de (re)nacer entre las cenizas. Para vosotros, que alcanzasteis la espiritualidad tras haber transitado el averno. Este libro es vuestro, porque de mi semilla de visibilidad crecen ramas y raíces.

Ahora estoy segura de que no puedo cambiar el mundo, pero quizá sí puedo sembrar en ti la duda para que cosamos *juntxs* la bandera de la libertad, como ya hizo Lorca.

RENACER

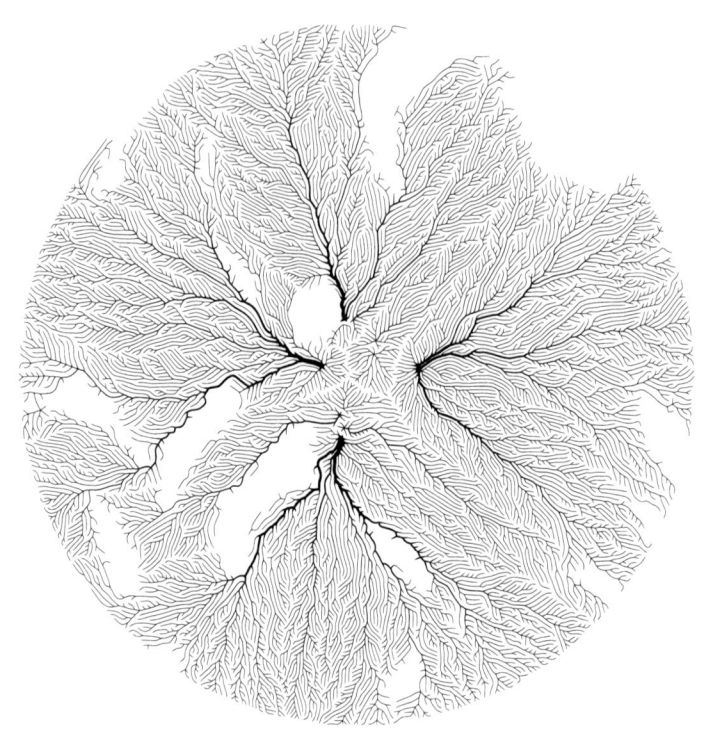

Y no paraba de llover.

Donde antes había calidez y auras de ensoñación, ahora caían tormentas incesantes.

Donde la liviandad recorría los rincones a su antojo, ahora el dolor lo teñía todo, inquieto.

Durante meses llovía y en mi ventana se congelaron las gotas y mi mente se detuvo, enajenada, impertérrita.

Llegó el estío, sin fuerzas destapé el espejo, limpié el barro, abrí mi pecho y fluyeron gargantas.

Renací.

Aunque no he vuelto a ser la misma, ahora llueve menos.

(BI)SEXUAL

Tras años de armaduras, pude comprobar
cómo se me erizaba el vello cada vez que
estaba piel con piel con una mujer.
Me ha costado 28 inviernos reconocerme.
Y al final, fue en verano cuando renací.
No fluyo entre dos mundos.
No estoy en una etapa.
Amo.

VENENO

Polvo de cicuta en la mano.
Decidir si irte o quedarte es una cuestión de segundos.
Aguantar es de valientes, pero quien no lo
soporte más puede irse cuando quiera.
El dolor no es opcional, es impositivo.
Lo piensas, recapacitas, vives.
¿Cuál es el costo de vivir? Saber, a ciencia cierta,
que estarás luchando cada día por no morir.

DEL MISMO PECHO

Del mismo pecho nos alimentamos, crecimos, hermano.
Caminamos de la mano, descalzos, en tierra de jaras y olivos.
Buñuel nos miraba de reojo, como a *un perro extremeño*.
Decidimos imitar, teatralizar, corromper y extasiar.
Años más tarde, el divorcio se hizo
tangible; separamos caminos.
En el presente, sin olvido, trazamos la línea.
Volvimos, como las corrientes que se unen para desembocar.
Las palabras nos atravesaron, entendimos,
nos arraigamos de nuevo a la tierra.
Orgullo lo llaman, nosotros raíces y pertenencia.
Aníbal, un *«gracias»* eterno.

DE ENE A ENE

Me he pasado media vida buscando la belleza.
He conquistado aceras de asfalto repletas de contaminación.
He tenido tantas victorias y derrotas como días cumplidos.
Soy de ese tipo de personas que vive, literalmente, por amor.
Soy energía, augurio y llanto.
Soy dolor y placer.
Soy la escalera hacia el más utópico paraíso
y el más humeante inframundo.
Ahora escribo mi nombre con mayúsculas
(ENE) porque soy imparable.

ESTERILIZADO

La infancia huele a hospital y tiene un color blanco.
Fisuras, cicatrices y batas verdes.
Dolor, salas de espera.
Valentía y desesperación. Llanto.
Mi madre es un caso clínico sin parangón.
Y lucha. Y vive.

CEREZAS

El mi pairi, como se dice en *estremeñu*,
tiene las manos curtidas de tierra.
Tiene el corazón operado y en la cabeza
un bancal lleno de brezos.
El mi pairi baila rock y flamenco y Antonio
Molina lloraría al escucharlo cantar.

SOBREVIVIR

Solo quien ha pisado el infierno puede estar
conectado con la más profunda espiritualidad.
Solo quien ha estado encerrada puede
abrirse al mundo sin tabúes.
Solo quien ha tenido marcada su piel, amoratada,
puede entender que la tinta es el mejor fármaco.
Solo quien ha amado hasta el último recoveco del cuerpo de
otro puede imprimir en su piel el deseo y la desesperación.
Solo quien ha vivido en una jaula puede
batir las alas hasta el firmamento.
Ámate, que solo estamos de paso.

CIEGA

El deseo es un placer insólito, un oasis
sin precedentes, una salida.
Las sábanas empapadas de sudor son como una
ventana cegada de un templo prerrománico.
El trauma te ciega, aborda, humilla y revive.

DEPRESIÓN

Tener depresión es estar en una jaula con
las puertas abiertas y no poder salir.
Ver cómo pasan los días cíclicos esperando que
una mañana puedas levantarte sin dolor.
Es parar tu vida y luchar para que el
monstruo algún día se vaya.

ALE

Alejandro tiene la virtud de calmar mis demonios.
Ale tiene semillas de margaritas en el estómago,
tornados de cinco minutos en sus pensamientos
y un abrazo recién sacado del horno.
Él lloró conmigo y paseó en silencio entre el ruido.
Me ungió con su templanza.
Ale tiene las letras de miles de literatos en sus pupilas,
tiene un don que no conoce y el poder de la empatía.
Amo a Alejandro como a un hermano y él lo
sabe de sobra, pero a veces se lo recuerdo.

PI

Pi es un Saturno repleto de estrellas. Es fuego y escarcha.
Nos polarizamos, pero nos unimos en la adversidad.
Compatibilidad sanguínea.
Pi tiene el alma limpia y su aura es color verde.
Su vestidor alimenta su coraje.
Pi tiene una belleza natural que no se consigue con *eyeliner*.
Tiene nudos en la garganta que tiene que deshacer.
Lo que todavía no sabe es el mar de
posibilidades que acontece.
Pi me cogió del brazo y se sentó a escucharme.
Un «*gracias*» eterno le debo yo a *la mi niña*.

HÍBRIDA

No es un coche, pero su motor se le parece.
Mi tía Montaña tiene dos ojos como luceros,
de esos que son oscuros como el azabache,
tanto que podrías perderte en ellos.
Ella vive dos vidas en una; la del delirio y la del barranco.
Su empatía no atiende a razones y la azota como el levante.
Se piensa irrelevante, todavía no sabe que los sobrinos
del averno le rezan como a una diosa guerrera.

MUJER

Desde que nací la opresión ha formado parte de mi realidad.
Aparte de luchar, debes visibilizar cada día la
igualdad que te pertenece, por derecho.
Desde que amo a *todxs* se me juzga.
Vaya contrariedad de entorno «*libre*».
¿Qué os da miedo?
Creo, fielmente, que vuestro reflejo roto en
un espejo donde yo me miro completa.

EMI

A mi primer amor le debo la inocencia
del sentimiento no vulnerado.
A ti, *mi melón*, te doy las gracias por el camino andado.
El humo de las noches, las maratones
infinitas, abrazarte al dormir.
Lo hicimos lo mejor que pudimos, pero qué
difícil es juntar el hielo y la dinamita.
Te disculpo, me hago cargo y (nos) perdono.

AMIGX MÍO

Si Fran viviera en la misma ciudad que yo, hace
tiempo que nos hubiéramos dejado de hablar.
Somos música, ritmos que nos van desde la punta del
cabello (que él no tiene) hasta el dedo gordo del pie.
F es inteligencia, intensidad, insomnio, incandescencia.
Es ruptura, enganche, dolor, autocrítica, insatisfacción,
desestructuración y, sin duda, excepcionalidad de la regla.

Te quiero.

NACHO

Pasión y fuego nos unen, amigo.
Lucha.
Acelerados eternamente nuestros
corazones sin templanza alguna.
Y así vivimos y, seguramente, así yaceremos.

CIUDAD

Madrid va de moderna, pero de moderna no tiene nada.
La amo, qué libertad me dio la del chotis.
La odio, cuánta ansiedad me comí en sus paradas de metro.
He decidido hacer las paces contigo, pasearte
algún que otro fin de semana.
He decidido que te voy a querer a medias.
Y ahora, cuando vaya de visita, puedas
sorprenderme para bien.
Madrid, tus domingos de rastro ya no
huelen a cerveza en La Cebada.
Madrid, te llevo en mi corazón hasta el final de los finales.

A ELLOS

A MIS PADRES

Esta montaña rusa la habéis vivido de
forma más real y tangible que yo.
A vosotros, que me disteis la vida, gracias.
A vosotros, que visteis cómo me apagué, lo siento.
A vosotros, que no merecíais más dolor,
os aseguro que luché con fuerza.
A vosotros, que llorasteis, reísteis y discutisteis
conmigo, os merecéis la plenitud de la calma.
A Encarni y a Toño, *los mis padres*, os quiero.

A CARLOTA

Ojalá y todos tuvieran a Carlota en su vida.
Me dijo *«valiente»* y se me cayó una lágrima.

A MI ELENA Y A MI ALBERTO

Hermana, gracias por las noches de salón y cerveza caliente.
Eternamente. Siempre nos quedará Getafe.
Hermano, los paseos con piti en mano
fueron mi terapia durante años.
Gracias por esos abrazos infinitos que
rebosan raíces de asfalto.

A PABLO

Pablo fue salvavidas en uno de los peores días de mi vida.
Apareció, me abrazó y todas las voces quedaron en silencio.
Pablo tiene el corazón abierto y me
deja refugiarme sin preguntas.
En agosto hicimos años.
Pablo es el Eneas de La Eneida, la batalla
de Troya y la llegada a Roma.

A BEA Y ANA

El ramo de flores inundó mi casa de color.
No sabéis la de veces que lo miré y leí la nota.
Os sentí conmigo, amigas mías.
Lloré mares de alegría.
Son tan diferentes que se complementan a la perfección.
Y yo, formo un trío peculiar de tres madrileñas que no
tienen estrellas en su DNI.

A MIS MELLIS

Las que hablan claro, sin titubeos, tan iguales y distintas.
Las que soportan mis historias y mis
desequilibrios siempre con gracia.
La temperamental y la sentimental,
aunque eso no las define.
A ellas, con las que tanto he compartido.
Gracias.

A JUDITH

«Todas las mujeres estáis locas». Esas fueron las
primeras palabras que le dije a Judith.
Su cara fue un poema y no precisamente de Cavafis.
A ella, que me enseña que el amor
es libre y no tiene barreras.
A la que se queda, aunque la eche de mi vida
una media de tres veces por semana.
A la que me ha quitado el miedo a sentir.
A la que llora de felicidad y me presta su espacio.
A la que busca el futuro en los versos cada mañana.
A ella, que me quiere en mis luces y
también en mis sombras.

A TODOS LOS NOMBRES

A los que no me da tiempo a mencionar
y habéis estado en el proceso.
A los amigos viejos, a los nuevos, a la familia
de aquí, a la de allí y a la del norte.
A mi madre, a mi padre y a mi hermano (bis).
A los mensajes de ánimo, que vinieron como rayos de luz.
A los que llamaron y no recibieron respuesta,
a los que escribieron y hubo silencio.
A los que tiraron del carro, a los que se
acercaron sigilosamente a preguntar.
A los que se enteraron tarde y a los que no se enteraron.
A los que les dio miedo escribir y a los
que se le quedó grande mi historia.
A los que siguen llegando.
A todos, **gracias**.

RETROSPECTIVA

LOS COLORES DEL ARCOÍRIS SON INFINITOS

Déjame decirte que no me importa quién eres.
Me importa cómo eres.
Déjame recitarte los versos más íntimos de Safo
y los más combativos de Carolina Coronado.
Déjame que te diga que no me importa si eres Frida o
Hefestión.
Que yo puedo ser Gea y tú pasear por el Parnaso.

SOY MITO

Me sentí Gea dando vida, Tierra Madre.
Me desenredé de la serpiente con ayuda de Apolo.
Agonicé luchando contra la furia de Atenea
ante el asedio de Troya, cual Laocoonte.
Recorrí el hilo de la Mari en la densidad de Irati.

INVISIBLE

Estar en el medio no es la mejor solución.
En el medio están las líneas en blanco
de mis textos irrelevantes.

A MI ENE ADOLESCENTE

Sed.
Presión.
Agotamiento y cansancio.
Perplejidad y cólera.

DETENTE

Soy extrovertida por naturaleza.
Recia ante cohesiones.
Ruda en acciones.
Egoísta en cuanto a paciencia.
Entusiasta en cuanto a secretos.
Soez a la indiferencia.
Expectante ante lo que se refiere al amor.
Pétalos de revolución.
Aves que sobrevuelan mis uñas.

LA NADA

Recapacito, me conmuevo y lloro, de
repente grito y mi casa se hunde.
Memoria casi inerte, mis sentidos se
vuelven recíprocos a la tontería.
Se va, y a penas sin darse cuenta me abandona.
Quiero un silencio sostenido y una presentación exacta.
Ansío un espectáculo.
Saludos inesperados que más tarde conllevarán caras de asombro.
Una rutina desmesurada y un elogio menos egoísta.
Un mundo que se recrea sobre un punto, un hecho, su hecho.
Nos eclipsan los hospitales y las cremalleras de piel perduran.
Busco un silencio, un silencio que nadie me puede ofrecer.

VOLÁTIL

Me perdí entre el lodo y el asfalto, un camión me recogió
en la carretera, fui musa de canciones de mediodía.
No quería averiguar el cómo, solo el qué.
Y desperté, desperté de mis sueños, de mis
inconsciencias y volví a ser la de siempre, dormí en el
agua clara y me puse morena entre granito barato.

CREENCIA

Como decía Charlie Chaplin: *«Por simple*
sentido común no creo en Dios, en ninguno».
La igualdad que nos plantea la Iglesia católica
deja de ser viable cuando nos realzan la figura
de una imagen que todo lo puede.

Que no se cansen mis ansias,
Que el pobre sea pobre,
Que el niño sea puro y no se esconda bajo sotanas,
Que la Iglesia me castigue por darle placer a mis ganas.

El mayor acto cometido por esta gran institución:
robarle al pobre y hacerme sentir culpable.
Que unos labios resecos besen joyas puestas en manos
que les dan de beber, por supuesto, agua contaminada.
Nosotros no podemos tener la osadía de desear lo que no
nos pertenece, pero qué irónico que eso lo prediquen un
gobernante y varios súbditos que manejan su propio estado.

ANCESTROS

Sus labios querían callar, querían hablar,
querían mostrar un sueño.
Su motivo, su porqué, pero no la dejé emitir sonido.
Un niño que se lamenta de existir y
un cielo que era menos claro.
Mi padre lamentaba la pérdida y mi hermano,
mientras tanto, limpió su boca con formol
y no pudo volver a hablarme.
Y yo me sentía culpable, y nos mira, a veces
llora, no nos conoce, imprimimos savia bruta de
una rosa y se la esparcimos por el cuerpo.
El olor del temor tampoco la ha hecho reconocernos.

PÉRDIDA

Cuando se pierde a un ser querido no vuelve nunca.
Memorizas cada paso, beso, discusión y último suspiro.
Ella se movía rápido por la cocina y cada noche volvía.
Ruda, vestida de negro, viuda.

NO MORIR EN EL INTENTO

H

No tengo nada que decirte.
Ahora soy más fuerte que nunca.

LANGRE

El norte desalinizado es de color verde
y amarillo, como las mazorcas.
El atardecer sobre el acantilado se adentró en
tus pupilas y en tu pelo de tonalidad de oro.

VOLCÁN

El mito de los volcanes mexicanos
Izta-Popo es bonito, pero no real.
La lava de tu pecho se vertía por las paredes y
los marcos, luego me quemaba el cuerpo.
Todavía recuerdo la presión en el pecho, tus
manos apretando mis muñecas, el dolor.

CÓRDOBA

Le debo a Córdoba una segunda oportunidad.
Le debo a su mezquita un paseo relajado.
Todavía recuerdo cómo me tiraste al suelo
junto a las Caballerizas Reales.
Todavía recuerdo mi lágrima a punto de
caer por la calleja de las Flores.
Visualizo aquel patio andaluz y me entran ganas de llorar.
Te veo en el suelo, suplicando un perdón.
Me veo a mí, sin salida.

ZAFRA

Zafra huele a Andalucía y a veredas extremeñas.
Zafra tiene una épica vara de medir,
pero yo no medí distancias.
Zafra tiene sus plazas y sus agradables gentes, pero
también tiene el ardor que me causa recordarla.
Zafra tiene un salón donde quedan pedazos de fotos.
Una almohada llena de maquillaje y sal.
Una cárcel azul con olor a sándalo y palo santo.
Un cuchillo rojo en la encimera de la cocina y
una puerta cerrada que no quiere abrirse.

CÁCERES I

En marzo me asfixiaste, me mataste.
Ciudad medieval, patrimonial, cultural, no quería verte.
Ropa ancha por tus callejones para tapar los moratones
del pecho, los de las muñecas y los arañazos del cuello.
Goma elástica para recoger mi pelo en un moño y
rodearte desde San Blas hasta el Gran Teatro.
Todavía siento las rejas de mi cárcel, la huida y el frío.

CÁCERES II

Me quedé a comerte.
Tus tablas de queso y los yogures me salvaron.
Te canté en conciertos, te bailé en los barrios,
te agoté en las madrugadas y el dolor se disipó.
Decidí quedarme e intentarte, como una década atrás.
Me comprometí contigo, te perdoné.
Me abriste el mundo de nuevo,
alejé lo malo, como el romero tras la puerta.
Te debo todas mis derrotas, pero también
todas mis oportunidades.

ME PERDONO

Lo hiciste lo mejor que pudiste, ene.
Aprendes cada día, mejoras, caes, codicias,
caes, supones, caes, amplías, ganas.
Perdónate, mi niña. Perdónalos.
Ahora que ya te conoces y que aceptas tu
imperfección, además de abrazar tu vulnerabilidad,
celebra tus logros. Te aseguro que no son pocos.
Estás creciendo, cariño.
Ábrele el mundo, que ENE está deseando entrar.

ESTÁS VIVA

En esta lucha imbatible, aparte de agradecer a
los que estuvieron y están, agradécetelo a ti.
Estás viva y, aunque no te lo creas, lo has conseguido tú sola.

VÍCTIMA

Ser víctima no te condiciona.
Víctimas somos todos de una mochila de
piedras que no se cansa de estar llena.
Puede ser víctima y también fuerte.
Ser víctima no es una etiqueta.
Ser víctima acaba dándote fuerza, te lo aseguro.
Tú podrás atravesar las llamas con tus pies descalzos y
despojarte para luego hacer crecer una piel nueva.
Ellos, por desgracia, tendrán que vivir
siempre rodeados de fantasmas.

EL SONIDO DE LA ERRE

AMOR

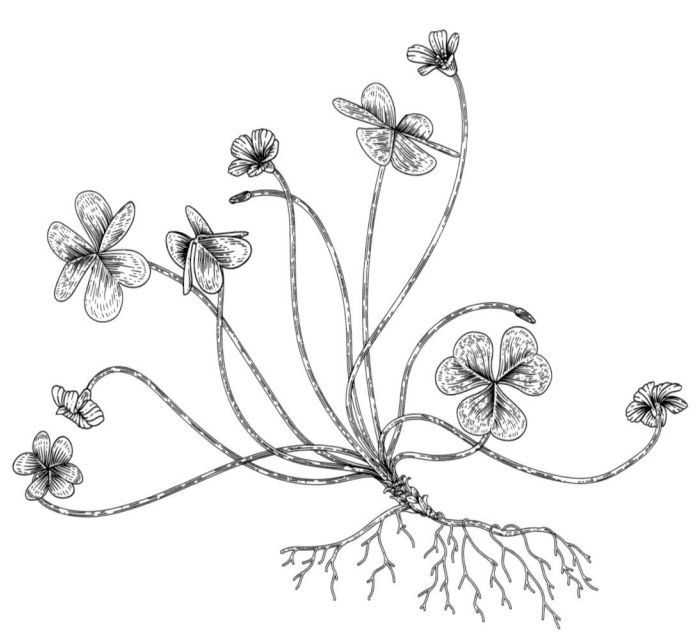

Tengo una libreta donde apunto las palabras
que por su sonido me parecen bellas.
Casualmente, todas ellas contienen la erre.

ENCRUCIJADA

Cada noche, antes de soñar, describo lentamente
las historias y los cruces de camino que
quiero que aparezcan en mi reposo.

IMPERTÉRRITA

La quietud que me abruma cuando me quedo sin
habla, y eso que hablo hasta debajo del agua.

CARROÑA

Desechos humanos que no quieren
pertenecer al mundo del progreso.

TIRANÍA

El absoluto poder de quien no quiere a su pueblo.

ESTROFA

Letras que se apoderan de mis pensamientos y se
repiten incesantes sin darme tregua alguna.

IRRADIAR

Brote de luz que desprenden las personas que quiero tener cerca.

ARREBOL

El atardecer más bonito de Mallorca
con mi amigo Mangut al lado.

RAÍZ

Sentimiento de pertenencia a una tierra, a una casa,
a una estirpe, a una época o a un acontecimiento.
Mis raíces huelen a tomillo, bacalao y azahar.

AMOR

Lo hay del que das a los demás
y también del que te das a ti.
Yo del primero voy sobrada y del segundo
voy por el vigésimo intento.

HARTAZGO

Sensación de hastío por algo que no quiero
repetir en el espacio-tiempo.

EXTRAORDINARIO

Las cosas bonitas que me suceden.
Yo, como máxima intensa, las glorifico y les pongo un altar.

DISOCIAR

Aquello que insisto en no hacer y, por el
contrario, hago a cada instante.
Puedo estar como Platón, separando
cuerpo y alma de forma constante.

SOCIABILIZAR

Lo que hago cada día, incansablemente,
aunque me suponga ansiedad.
Aprendo a desconectar en mi calma y soledad,
pero es tan difícil que me asusta.

ENCONTRAR

Descubrir lo que te hace feliz.

RUTA

Los caminos inescrutables de cada persona.

RUTINA

Lo que necesitamos para determinar el punto medio de la balanza de nuestro día a día.

EQUILIBRIO

La balanza manteniendo una línea
horizontal con peso equitativo.

MADRE

Vida y aguante, responsabilidad y desigualdad.

MULTIDIRECCIONAL

Que no tiene que ir en una única dirección.
Me abro a todos los canales para disfrutar de cada momento.

RENACER

Vísteme de infiernos y reconstrúyeme.
De ene a ENE.

VIVIR

Vivir es morir.
Morir es haber vivido.
Yo, que quise morir por amor, me detengo
ahora ante la vida, desnuda.
A aquellos que se fueron sin esperar la guadaña,
os llevo en mi pecho, marcados a fuego.
Vivo, sin dormir siquiera, por aquellas
veces que soñé morir al despertar.
Duermo, sin descansar apenas, por todos
esos días en los que quise no vivirme.
Ya no muero por nadie, ya no le pongo atrezo a mi dolor.
Recibo, muy quieta y a corazón abierto, las
flechas que Diana quiera dispararme.
Ahora sé que vivir es un laberinto lleno de pruebas.
Ahora no me detengo a pensar(os) y juzgar(os).
Ahora me quedo durante minutos mirándome en el espejo.
Me toco, sonrío, me quiero.
Vivir es querer(se).

LOS 10 MANDAMIENTOS

1

Te amarás a ti sobre todas las cosas

2

Tu nombre de nacimiento no te definirá

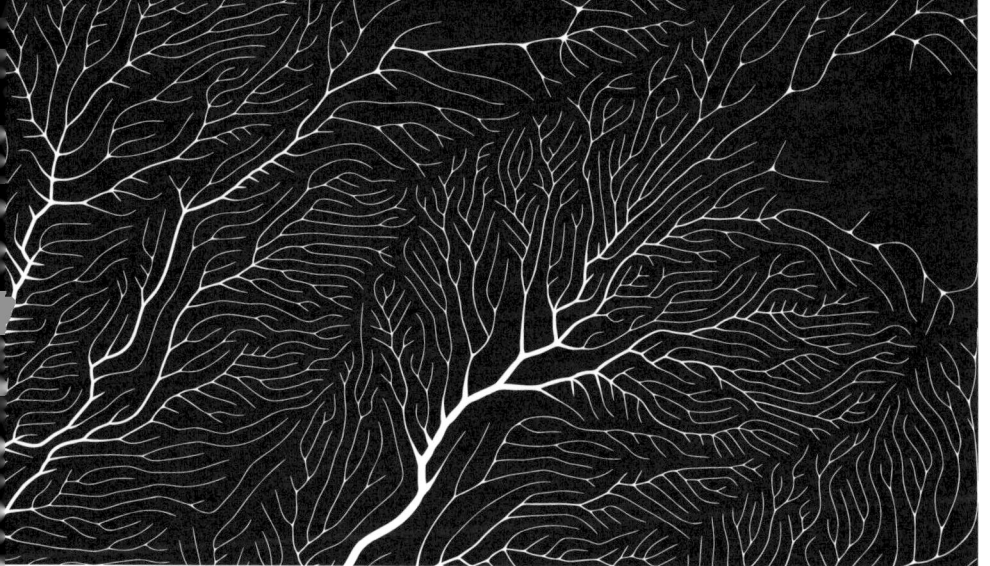

3

Bailarás en todas las fiestas

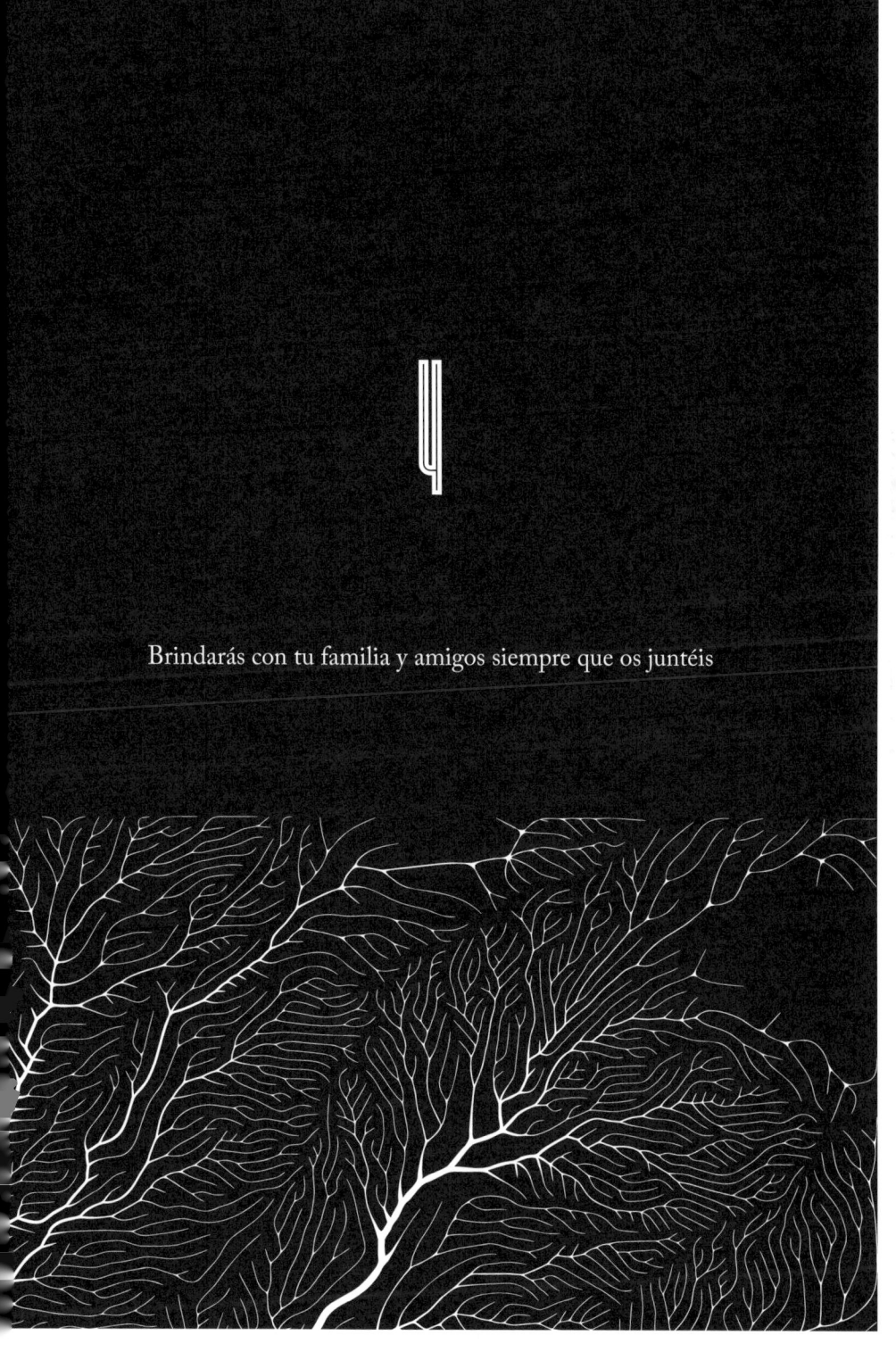

Brindarás con tu familia y amigos siempre que os juntéis

5

Morirás de placer en cada orgasmo

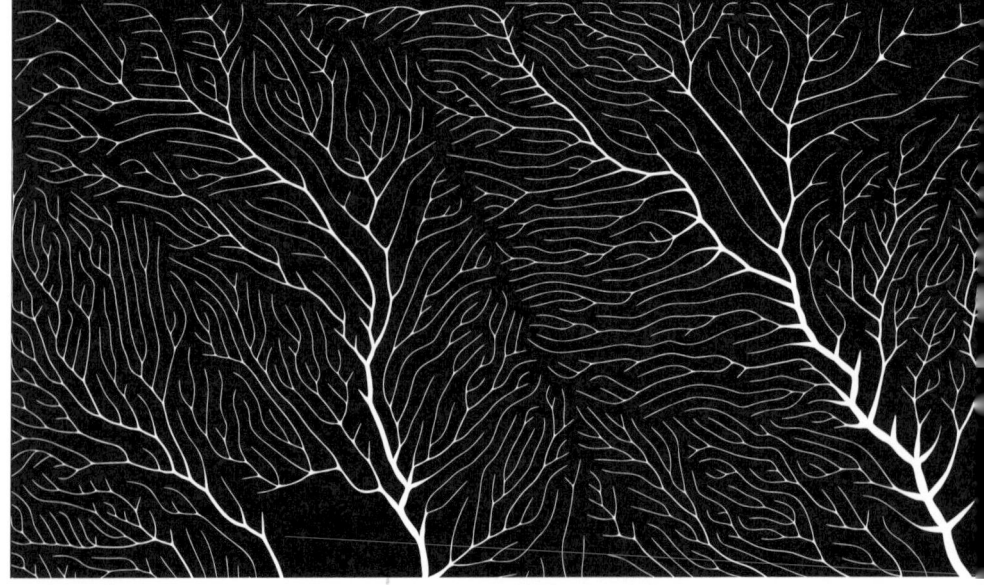

6

Serás libre para hacer lo que quieras
con tu sexualidad y tu cuerpo

1

Entre todos construiremos un mundo más justo

Serás quien te dé la gana de ser

9

Nadie te juzgará, ames a quien ames

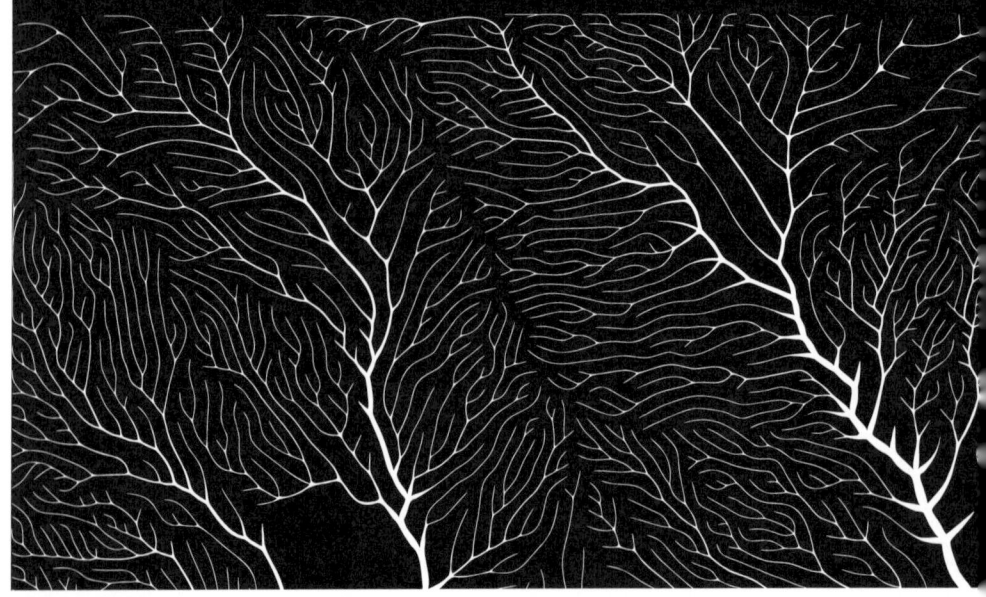

10

Te sentirás ORGULLOSO

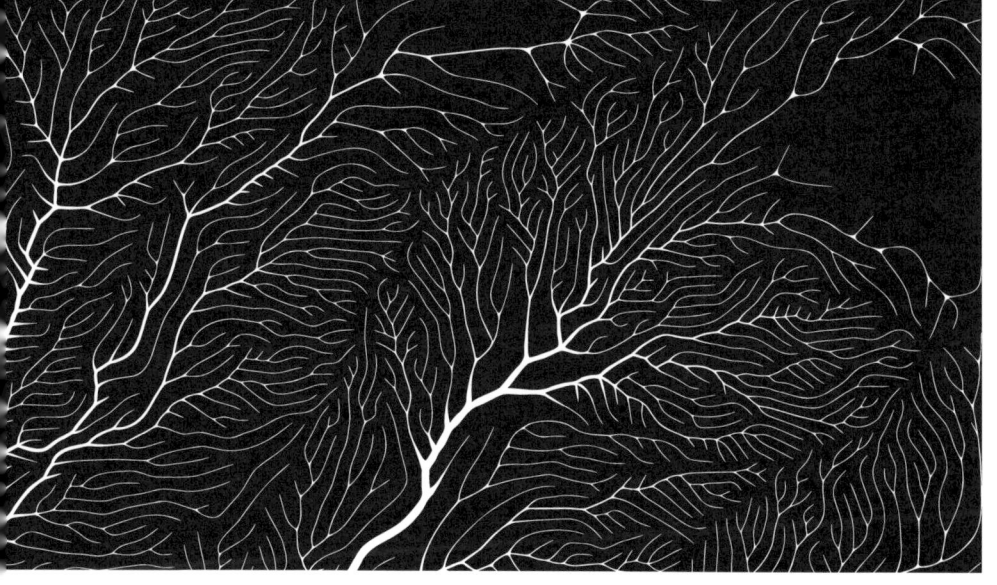

(RE)NACER

LIBRERÍA